13 Avril 1867

VENTE

Ch. CHAPLIN

COMMISSAIRE-PRISEUR	EXPERT
Me BOUSSATON	M. DURAND-RUEL
7, rue Le Peletier.	1, rue de la Paix.

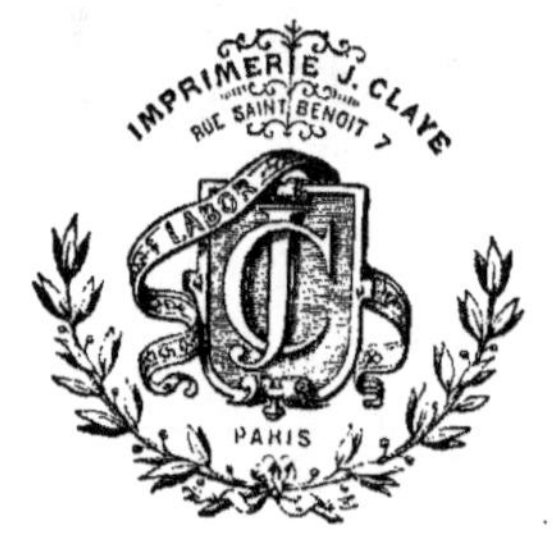
IMPRIMERIE J. CLAYE
RUE SAINT BENOIT 7
LABOR
PARIS

CATALOGUE

DE

TABLEAUX

ESQUISSES

AQUARELLES, DESSINS

FAIENCES

PAR

CH. CHAPLIN

DONT LA VENTE PUBLIQUE AURA LIEU

HOTEL DROUOT, SALLE N° 3

AU PREMIER ÉTAGE

Le Samedi 13 Avril 1867

A 2 HEURES 1/2 PRÉCISES

PAR LE MINISTÈRE DE **Me BOUSSATON**, COMMISSAIRE-PRISEUR

RUE LE PELETIER, 7

ASSISTÉ DE **M. DURAND-RUEL**, EXPERT

1, rue de la Paix.

EXPOSITION PUBLIQUE

LE VENDREDI 12 AVRIL 1867, DE 1 A 5 HEURES

1867

CONDITIONS DE LA VENTE

Elle sera faite au comptant.

Les adjudicataires payeront cinq pour cent en sus des enchères, applicables aux frais.

DÉSIGNATION

TABLEAUX

1. — L'Aurore.

Hauteur, 1 m. 70 c.; largeur, 1 m. 12 c.

2. — L'Astronomie.

H., 1 m. 38 c.; L., 1 m. 16 c.

3. — La Poésie.

Pendant du précédent.

H., 1 m. 38 c.; L., 1 m. 16 c.

4. — La Naissance de Vénus.

H., 75 c.; L., 1 m. 75 c.

5. — Diane et Actéon.

Pendant du précédent.

H., 75 c.; l., 1 m. 75 c.

6. — La Toilette de Vénus.

H., 80 c.; l., 1 m.

7. — Léda.

Pendant du précédent.

H., 80 c.; l., 1 m.

Ces 4 nos (4, 5, 6 et 7) sont les esquisses des dessus de portes de la salle de bain de l'Impératrice à l'Élysée. Grandeur des originaux peints sur glaces.

8. — La Pêche.

H., 75 c.; l., 42 c.

9. — La Chasse.

H., 75 c.; l., 42 c.

10. — Les Fleurs.

H., 75 c.; l., 42 c.

11. — Le Patin.

H., 75 c.; l., 42 c.

12. — Les Fruits.

H., 75 c.; l., 42 c.

13. — Les Oiseaux.

H., 75 c.; l., 42 c.

14. — La Moisson.

H., 75 c.; l., 42 c.

Esquisses des 7 peintures sur glace se trouvant sur les panneaux des portes de la même salle de bain.

15. — Le Printemps.

H., 22 c.; l., 15 c.

16. — L'Été.

H., 22 c.; l., 15 c.

17. — L'Automne.

H., 22 c.; l., 15 c

18. — L'Hiver.

H., 22 c.; l. 15 c

Quatre groupes de deux enfants.

19. — Le Matin; — panneau décoratif.

H., 80 c.; l., 45 c.

20. — Le Soir; — panneau décoratif.

Pendant du précédent.

H., 80 c.; l., 45 c.

21. — La Poésie; — plafond.

Rond. — Diamètre, 45 c.

22. — Le Triomphe des arts.

H., 87 c.; l., 80 c.

Esquisse du plafond du salon des Fleurs, aux Tuileries.

23. — Les Roses.

H., 29 c.; l., 38 c.

24. — La Violette.

H., 29 c.; l., 38 c.

25. — Le Coquelicot.

H., 29 c.; l., 38 c.

26. — La Pensée.

H., 29 c.; l., 38 c.

27. — La Marguerite.

H., 29 c.; l., 38 c.

28. — Le Nénuphar.

H., 29 c.; l., 38 c.

Esquisses des 6 dessus de portes du salon des Fleurs, aux Tuileries.

29. — Diane.

H., 19 c.; l. 23 c.

30. — Minerve

H., 19 c.; l. 23 c.

31. — Vénus.

H., 19 c.; l. 23 c.

32. — Junon.

H., 19 c.; l. 23 c.

Esquisses ovales des 4 dessus de portes du salon de l'Hémicycle, à l'Élysée.

33. — Jeune Fille au bain.

H., 46 c.; l., 29 c.

34. — Jeune Fille entraînée par les Amours.

H., 46 c.; l., 29 c.

35. — L'Aurore.

H., 29 c.; l., 38 c.

36. — Le Couronnement de Vénus.

H., 29 c; l., 38 c.

37. — Le Printemps.

H., 41 c.; l., 25 c.

38. — L'Été.

H., 41 c.; l., 25 c.

39. — Le Crépuscule.

H., 41 c.; l., 25 c.

40. — La Musique

H., 45 c.; l., 27 c.

41. — L'Architecture.

H., 45 c.; l., 27 c.

42. — Baigneuse.

H., 18 c.; l., 12 c.

43. — La Marguerite.

H., 54 c., l., 35 c.

44. — Le Loto.

H., 15 c.; l., 10 c.

45. — Le Triomphe de l'Amour.

Ovale. — H., 49 c.; l., 40 c.

46. — La Brodeuse.

H., 25 c.; l., 20 c.

47. — La Leçon de danse.

H., 46 c.; l., 28 c.

48. — Flore.

H., 23 c.; l., 8 c.

FAIENCES

49. — L'Architecture.

Carrée. — H., 21 c.; l., 35 c.

50. — Les Tourterelles.

Carrée. — H., 30 c.; l., 23 c.

51. — Groupe d'Amours (la peinture).

Ovale. — H., 29 c.; l., 25 c.

52. — Le Printemps.

Carrée. — H., 30 c.; l., 30 c.

DESSINS ET AQUARELLES

53. — Nymphe au bain.

Aquarelle.

54. — Nymphe endormie.

Aquarelle.

55. — La Surprise.

Aquarelle.

56. — Vénus.

Aquarelle.

57. — L'Embarquement pour Cythère, d'après Watteau.

Aquarelle.

58. — Les Tourterelles.

Dessin au crayon rouge.

59. — Après le bain.

Dessin au crayon rouge.

60. — Le Sommeil de Diane.

Dessin au crayon rouge.

61. — L'Étoile du matin.

Dessin au crayon rouge.

62. — La Lettre.

Dessin au crayon rouge.

63. — Le Loto.

Dessin au crayon rouge.

64. — Le Premier Baiser.

Dessin au crayon rouge.

65. — Le Premier Baiser.

Première pensée du sujet précédent.

66. — Rêverie.

67. — Frontispice d'Album.

68. — Les Fleurs.

Dessin rehaussé.

69. — La Prière.

Dessin rehaussé.

ÉVENTAIL

70. — L'Aurore.

PARIS. — J. CLAYE, IMPRIMEUR, RUE SAINT-BENOIT, 7.

www.ingramcontent.com/pod-product-compliance
Lightning Source LLC
LaVergne TN
LVHW021709230826
846092LV00002BA/940

* 9 7 8 2 3 2 9 5 2 8 2 5 0 *